「イライラしてるな」と思ったとき読む本

中谷彰宏
Akihiro Nakatani

あさ出版

【この本は、3人のために書きました。】

① ついイライラしてしまう人。

② 隣の人のイライラを治してあげたい人。

③ メンタル力をつけて、ここ一番に強くなりたい人。

失敗した時こそ
胸を張って
歩こう
中谷彰宏

あき
ひろ

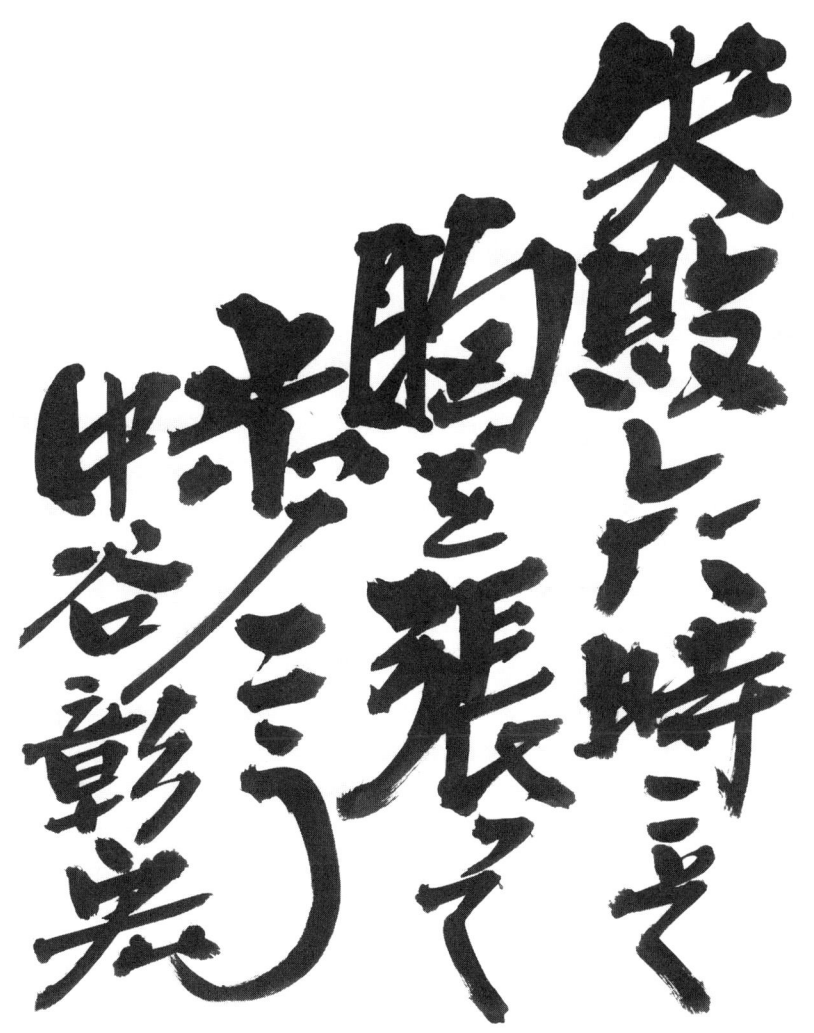

はじめに

「靴下が破れている」と、自分で言う。

ピンチの時に求められるのは、こざかしい知識や技術ではなく、メンタルの力です。

メンタル力は、人間力です。

メンタル力がなければ、どんなにすぐれた知識や技術を持っていても、生かせません。

メンタル力がなければ、すべてが始まらないのです。

たとえば、上司に「お得意先と会食することになったから、ついて来い」と言われたとします。

急に言われたので、ダンドリはできていません。

行くと、いきなり座敷に上がるようなお店です。

その時、靴下が破れていることに気づきます。

この時どうするかがメンタル力です。

つい気がひけて、話どころではなくなるのです。


仕事の現場だけではなく、女性とのデートでも同じことが起こります。

メンタル力のある人は、ここで「ヤバい、靴下破れているし」と言える人です。

これを口に出して言えるかどうかで、勝負ありです。

そこからラクになるし、笑いもとれるのです。

「まさか座敷とは思っていなかった」と言うと、その人は突然かわいげのある人になります。

きちんとしている人であればあるほど、意外性があります。

それを隠そうとするから、おかしなことになるのです。

商談をする時や、初対面で相手に気に入ってもらわなければならない時に、「靴下に穴があいているのを見つかったらどうしよう」と思うと、気持ちがくじけます。

靴下に穴があいているからダメな人というわけではありません。

最も情けないのは、それを隠してオドオドしていることです。

相手には「オドオド」しか見えません。

隠していたことがバレると、もっと情けないです。

それなら最初から自分で白状するほうが、自分も相手もラクなのです。

相手が先に気づいたら、相手も気を遣います。

見て見ぬフリをしなければならないのに、つい目がそこにいってしまいます。

かつらがズレていたのに気づくのと同じで、目をそらしても、じっと見ても、教えてあげるのもおかしいのです。

相手も緊張するので、その場が何かノリ切れなくなります。

本当は楽しい出会いになったはずのミーティングが、ぎこちなくなって、その場の関係もギクシャクするのです。

結局は、これがメンタル力です。

メンタル力のある人とない人とは、言葉づかい1つでわかります。

「ヤバい、靴下穴あいてるし」と自分で口に出して言える人は、自信があって、メンタル力があります。

「こんな人間に見られたらどうしよう」と思っている人は、メンタル力がないのです。

ありのままの状態をギャグやネタにできることが、余裕につながります。

相手にも「かわいらしい人」と思ってもらえるのです。

イライラがすっきりする方法 01

恥ずかしいことは、先に自分で言ってしまおう。

「イライラしてるな」と思ったとき読む本●目次

イライラがスッキリする58の方法

1 恥ずかしいことは、先に自分で言ってしまおう。

2 納得いかない現実も、ありのままに受けとめよう。

3 「アクシデントがあるつもり」でいよう。

4 イライラを、伝染されない。

5 アクシデントから、逃げない。

6 「声が大きくなっていること」に気づこう。

7 他人の目で、自分を見る。

8 「酔いました」と自分で言おう。

9 うまくいかない時ほど、堂々としていよう。

10 冷静な人と、一緒にいよう。

11 イライラしている人を見て、自分のイライラを立て直そう。

45 嫌われることを恐れない。

46 違う意見を、受け入れよう。

47 次の作戦を、立てよう。

48 おりるクセをつけない。

49 言いわけを、させてあげる。

50 長期戦で、考えよう。

51 縁のせいにしない。

52 2人組で、助け合う。

53 格好にとらわれない。

54 競争しない。

55 手帳に「祝合格」と書いておく。

第1章　メンタル力を、鍛えよう。

第2章 アクシデントを、乗り越えよう。

第3章 テンションを、高く保とう。

第4章 イライラを、こうして収める。

第5章 メンタル力で、運気を高める。

おわりに

第1章

メンタル力を、鍛えよう。

02

「こんなはずじゃなかった」を禁句にしよう。

イライラする人の口グセの1つは、「こんなはずじゃなかった」です。
それを言い始めたら、メンタル力はどんどん弱くなります。
イライラする人は、常に「こんなはずじゃなかった」と言っています。
目の前に起こっている現実を受けとめられないのです。
現実をありのままに受けとめることが、メンタル力です。

大切な人に会う時に、自分の靴下が破れています。

それは目の前に起こった現実です。

彼女を家に送っていくと、いきなり「家に上がって」と言われて、そこにお父さんとお母さんがいるのです。

さだまさしさんの『雨やどり』のような設定です。

ここで「こんなはずじゃなかった」と言ってはいけません。


世の中は「こんなはずじゃなかったこと」だらけです。

だから人生は楽しいのです。

それがいいことなのか悪いことなのか、その場ではわかりません。

『雨やどり』でも、靴下に穴があいていたことで家族に気に入られるのです。

「こんなはずじゃなかった」と文句を言った時点で、次の対応ができなくなります。

「いやいや、こんなことも起こりますよ。面白いじゃん」と受けとめることです。

これは技術の問題ではなく、メンタル力の問題です。
起こったことをまずメンタルで受けとめないと、技術や知識の発揮のしようがないのです。

イライラがすっきりする方法 02

納得いかない現実も、ありのままに受けとめよう。

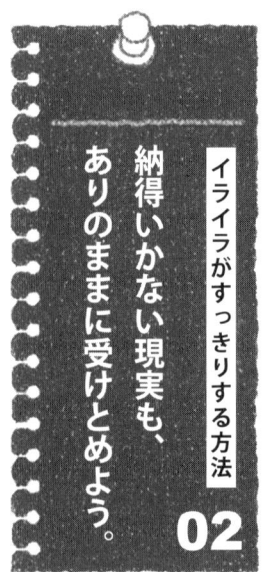

03

アクシデントを、ありのままに受けとめる。

どういう事態が起こり得るかを想定することが、知性です。
本当は、知性の中にメンタル力も入っています。
どんなに知識を増やしても、想定しきれないことが起こります。
アクシデントを避けることは不可能です。
「なんでこんなアクシデントが起こるの」と文句を言っても始まりません。
もう起こってしまっているのです。

よく上司が部下に「なんでそんなことをしたんだ」と怒っています。

本人もやろうと思ってやったわけではないし、そんなことを言っても仕方がないのです。


アクシデント・ハプニング・トラブル・クレームは、避けられないことです。

すべての人間が失敗を犯すものという前提で始めなければなりません。

初めから「1つや2つアクシデントは起こる」という前提で、あらゆることに取り組むのです。

そう思っていれば、「こんなはずじゃなかった」ではなく、「予定どおり」「織込みずみ」と思えるのです。


アクシデントを避けようとしている時点で、メンタル力はどんどん弱まります。

「いまだかつてこんなことは一度も起こったことがないのに、なんで起こるの」と考えても、始まりません。

もう起こっているのです。
アクシデントをありのままに受けとめることです。
「なんで」と思うのは、意味がありません。
「どうしたらいいんだろう」と考えることがメンタル力なのです。

イライラがすっきりする方法 03

「アクシデントがあるつもり」でいよう。

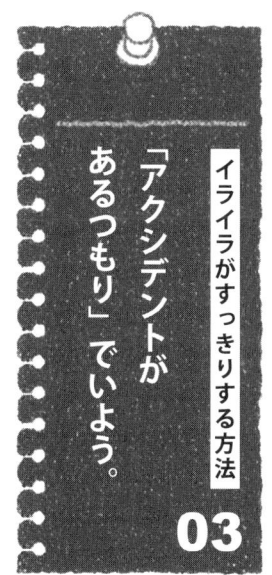

04

何があっても、くさらない。

アクシデントが起こって、「チッ」と言った瞬間に、メンタル力はダウンします。
パートナーやチームと仕事をしている時は、その「チッ」がまわりに伝染します。
チームメイトの気持ちのテンションも下がるのです。
タクシーに乗っている時に、運転手さんが「チッ」と言います。
前の車がトロトロして、信号を越えられなかったからです。

運転手さんはお客様のために急いでいて、お客様のメリットの代理人として前の車に「チッ」と言ってくれたのです。

お客様は自分に言われているわけではないのに、何か気まずい空気になるのです。

メンタル力は伝染します。

たった1人で仕事をすることはありません。

少なくとも2人で仕事をしています。

2人のうちの1人のメンタル力がダウンすると、もう1人のメンタル力もダウンします。

1人のメンタル力が上がると、それが伝染してもう1人にもいい影響を与えます。

チーム全体のメンタル力を上げるためには、まず1人のメンタル力を上げることが大切なのです。

イライラがすっきりする方法 04

イライラを、伝染されない。

05

アクシデントは、逃げ切れない。

目の前に起こっている現実と向き合う時に、してはいけないことは、逃げることです。
諦めること、断念することです。
メンタル力は、逃げたくなった時に逃げない力です。
調子のいい時は、誰も逃げません。

目の前でアクシデントが起こった時も、決して逃げないことです。

アクシデントから逃げようと思っても、逃げ切れません。

逃げれば逃げるほど、アクシデントは大きくなります。


スポーツの世界では、メンタル力はよく理解されています。

たとえば、メジャータイトルのゴルフのPGAの試合で、最終ホールでトップグループに残っている人たちは、みんなメンタルトレーナーをつけています。

トーナメントリーダーを争っている1位と2位の人が、同じメンタルトレーナーをつけていることもあります。

トップクラスになると、技術の差よりも1人ひとりのメンタルの勝負になるのです。

一流までは誰もがたどり着けます。


一流と超一流の差は、メンタル力の差でしかありません。


アメリカがメンタル力の研究を始めたのは、太平洋戦争中でした。

空軍パイロットは、戦闘の時に緊張の極致でパニックになります。

最新鋭の兵器を開発しても、使うのは人間です。

アメリカはメンタル力の重要性に気づいて、メンタルトレーニングの研究を始めました。

それが後にスポーツに生かされているのです。

銃を持った生身の人間同士が向かい合います。

銃の撃ち方やメンテナンスは、当然トレーニングしています。

それでも実際に銃を撃てる人間は少ないのです。

弾が当たる当たらないという問題ではありません。

目の前に敵がいる時に、自分の持っている銃を撃てる人間は15％です。

残り85％は銃で殴り合いになります。

パニックになると、銃の使い方まで間違ってしまうのです。

05

イライラがすっきりする方法

アクシデントから、逃げない。

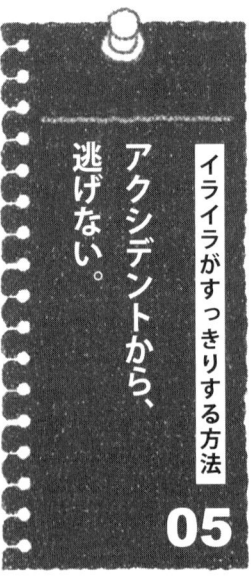

06

イライラした時に、大きな声を出さない。

リーダーは、よりメンタル力が求められます。
メンタル力のあるなしが、リーダーになれるかどうかの分かれ目です。
リーダーのメンタル力で大切なのは、いざという時に大きな声を出さないことです。
リーダーだけではなく、部下も同じです。
人間は、パニックに陥った時につい声が大きくなるのです。

飛行機が遅れている時に、怒鳴っているオジサンがよくいます。
そういう人はメンタル力がありません。
そこで怒鳴ってなんとかなるものではないのです。
その人がいかにパニックになっているかがわかります。

パニックに陥るような現場に遭遇した時に、声の大きさを調整できることがメンタル力です。

ほうっておくと、声は必ず大きくなります。
怒っている人の声は大きいのです。

声の大きい人への対応は、実はあまりむずかしくありません。
その人が冷静さを取り戻せば解決するような問題です。
大声で怒鳴っているお客様に、大声で切り返してはいけません。
落ち着くまでしばらく怒鳴らせておけばいいのです。

赤ちゃんを泣かせておくのと同じです。

赤ちゃんの泣き声は10分以上は続きません。

体力がもたないのです。

泣くことは体力を使います。

体の中の電池が切れて、ウソのようにスヤスヤ寝てしまいます。


クレームを言っているお客様、怒っている上司も同じです。

怒るとエネルギーをむちゃくちゃ使うので、電池はすぐなくなります。

ですから、電池が切れるのを待てばいいのです。

恋人に対しても同じです。

最もやってはいけないのは、大声で怒鳴ってきた人にさらに輪をかけて大声で返すことです。

それが最も状況をこじらせます。

イライラしている時に、いつもよりも小さ目の声で話せる人は、メンタル力があります。

声の調子をコントロールするためには、今自分がどれぐらいの声の大きさで話しているかを常に把握することが大切なのです。

イライラがすっきりする方法 06
「声が大きくなっていること」に気づこう。

07

他人の目で見ると、それほどピンチではない。

鳥の目、神様の目で、天井から客観的に自分を見つめられるのがメンタル力です。

スポーツ選手のヒーローインタビューには、名言が多いです。

イチロー選手や中田英寿さんのインタビューを聞くと、あたかも他人事のように語っています。

興奮しているわけではなく、何かクールに感じます。

冷めた目で見ているのです。

それは他人の目で自分を見ているからです。
これがメンタル力です。
他人の状態なら「まあまあ、そう熱くならないで」と平気で言えます。
ところが、自分が熱くなっていることにはなかなか気づかないのです。

07 イライラがすっきりする方法
他人の目で、自分を見る。

08

酔っても、軸はとられない。

酔っぱらいがカッコ悪いのは、自分を客観的に見られないからです。

酔っている人に「まあまあ、酔っているからそれぐらいにしましょう」と言うと、「誰が酔ってるんだよ」と怒り出します。

その発言がすでに酔っているのです。

自分で「ハハハハ、酔いました」と言う人は、余裕があります。

メンタル力のない人は、すぐ悪酔いします。

まわりに迷惑をかけて、まわりが楽しくなくなる酔い方をするのです。
それはメンタル力が崩壊している状態です。

酔っぱらいには、
①「誰が酔ってるんだよ」とからむたちの悪い人
②「ハハハ、酔いました」と言う感じのいい人
の2通りがいます。
「ハハハ、酔いました」と言う人は、酔った時にも自分を客観視する力があるのです。
酔った時は、重心を失って千鳥足になります。
それはメンタル力が崩壊している状態と似ています。
そんな状態で仕事をしている人はたくさんいるのです。

酔っぱらいには
① 前につんのめるタイプ

② 後ろに反り返るタイプ

の2通りがあります。

メンタル力の弱い人は、酔っぱらうと、座っていても体が前へつんのめって、「誰が酔ってるんだよ」と言います。

「ハハハ、酔いました」と言う人は、前につんのめることはありません。

軸をとられないで、重心が安定しているのです。

TVのコントで酔っぱらいの芝居をする時は、重心を前に倒してよろけます。

人生でも恋愛でも仕事でも、メンタル力が弱まっている状態は、重心が前に倒れて足どりが危ないのです。

軸が定まっていないので、まわりはハラハラするし、本人はイライラします。

この時点で声が大きくなるのです。

「ハハハ、酔いました」と言っている人は、声は小さいです。

「誰が酔ってるんだよ」と大声でからんでいる人は、前に倒れるのです。

酔っぱらいが後ろにコケることはありません。

気持ちが前へ前へ行っていて、首が折れてあごが出て前に倒れるのです。
これがメンタル力の下がっている状態です。
精神状態の上がり下がりをある一定に保つことが、メンタル力なのです。

イライラがすっきりする方法 08

「酔いました」と自分で言おう。

09

うまくいかない時が、その人のキャラ。

緊張している時、うまくいかない時、トラブルやアクシデントに見舞われた時に、その人の本当のキャラクターが出ます。

絶好調の時には本音はわかりません。

調子の悪い時に出ているキャラが、その人の本当のキャラです。

絶好調の時は誰でもごきげんです。

調子の悪い時にどれだけごきげんでいられるかが、メンタル力です。

調子の悪い時に「どうですか、調子は」と聞かれるほどイヤなことはありません。

メンタル力のある人は、誰が見ても絶不調に見舞われている時も、ニコニコ笑って「絶好調」と言えるのです。

そうすると、まわりは安心します。

その人には「絶好調」と言って笑いをとる余裕があるのです。

どんなピンチに追い込まれても、いっぱいいっぱいにならないことがメンタル力なのです。

イライラがすっきりする方法 09

うまくいかない時ほど、堂々としていよう。

10
波動の悪い人に会ったら、波動のいい人に会って立て直す。

メンタル力のレベルダウンは、まわりに伝染します。

裏を返すと、波動の悪い人と出会った時に自分を立て直す方法は、波動のいい人に会うことです。

僕は、相手が「今、悪い波動の人と会ってきたな」とわかると、「この人の波動を立て直してあげないと」と感じます。

口に出して言うと、「そんなことありません」と言われて、よけいマイナスになります。

酔っぱらいに「あなた酔っていますよ」と言って、「誰が酔ってるんだよ」とケンカになるのと同じです。

運悪く、悪い波動の人に当たることもあります。

世の中には波動の悪い人はたくさんいるのです。

波動の悪い人も、いつも波動が悪いのではありません。

たまたま出がけにイヤなことがあったり、家でケンカして出てきて、それが他人に伝染しているだけです。

悪い波動は誰かが立て直してあげることです。

同時に、悪い波動にうつらないようにすることです。

売られたケンカを絶対買わないのが、メンタル力です。

メンタル力の弱い人は、売り言葉に買い言葉で、しなくていいケンカをしてしまいます。

売り言葉に買い言葉になると、

「なんでこんなことを言われなくてはならないの」

「なんでこんなことを言わないといけないの」

と、両者とも悲しい気持ちになるのです。

運悪く波動の悪い人に出会ってしまったら、波動のいい人に会って立て直すのが一番です。

自分が立て直してもらっていること、今自分の波動の状態が悪いことにも気づかなければなりません。

お酒を飲む時も、自分が今どれぐらい酔っているかに気づけるところでとめておくことです。

それに気づけない状態までいくと、レベルがもう1つ下がって、助けるのがむずかしくなるのです。

イライラがすっきりする方法 10
冷静な人と、一緒にいよう。

11

「あの人は病んでいる」ではなく、「自分は大丈夫かな」と考える。

僕は相談事を受ける時に、まずその人の病んでいるレベルを感じ取ります。
病んでいるレベルにも、浅い・深いがあるのです。
それによって、アドバイスの仕方が変わります。
本人は病んでいることに気づいていません。
その場に2人以上いた場合、「あの人はけっこう病んでいたな」と言う人がいます。
この人も同じぐらい病んでいるのです。

「あの人は病んでいたな。自分は大丈夫かな」と思う人は、まだメンタル力で支えられます。

そういう人は、病んでいる度が低いか、まだ病んでいないのです。

ギリギリいっぱいですが、そういう人は助けやすい。

すぐ治るし、立て直しがしやすいのです。

「あの人は病んでいて、自分は病んでいない」とか「あの人のあの対応はひどい」で終わっている人は、ヤバいです。

「自分は大丈夫かな」「自分も似たようなことをやっていないかな」と、常に自分自身をモニタリングできることがメンタル力なのです。

イライラがすっきりする方法 11

イライラしている人を見て、自分のイライラを立て直そう。

12

メンターを、持つ。

酔っぱらうと、軸がブレて、前かがみになって、目がすわります。

メンタル力が弱まっている状態です。

そうならないための1つの方法は、メンター（心の師）を持つことです。

メンターは、いい波動を出してくれます。

自分の波動が悪い方向に流れた時に、メンターに会うことで正常ないい波動に立て直せるのです。

メンターの仕事は「こうしなさい、ああしなさい」と教えることではありません。レベルダウンしたメンタル力を、もとのベストな状態に立て直して、メンタル力をアップさせることです。

知識や技術を教えるのではなく、知識や技術のベースとなるメンタル力にさらに磨きをかけて、1段でも高く持っていくのです。

① メンタル力がレベルダウンを起こしていることに気づかせてくれる
② 下がったメンタル力を自分のベストの状態に立て直してくれる
③ ベースとなるメンタル力をより強いものにしてくれる

そういう人を自分のメンターにすることです。

12 イライラがすっきりする方法
ニコニコしている師匠を持とう。

13

消耗戦を、回避する。

メンターを持つと、心のブレが小さくなります。
心がブレていると、エネルギーを消耗します。
はしゃぐのも、落ち込むのも、消耗します。
消耗戦は、巻き込まれたほうが絶対負けます。
心の消耗戦に入らないことです。

自分よりアガっている人を見ると、落ちつきます。

波形は一直線ではありませんが、波形を穏やかにしていけるのです。

カップルでケンカをして波が大きくなった時に、２人で揺れが大きくなってはいけません。

相手の揺れをまともに受けて、２人で増幅し合うのです。

これで倒れてしまいます。

１人が揺れた時には、それを受けとめて、相手の揺れより自分の揺れを小さくします。

メンタル力のある人は、ある程度、ノーテンキで鈍感です。

人に言われた悪口が気になってしようがない人は、メンタル力がないのです。

言われていたことも忘れてしまうぐらい、「バカじゃないの」「ちょっと緩いよね」と言われるぐらいの人のほうが、メンタル力が強いのです。

悪口に弱い人は大成しません。

必死に悪口を否定してまわったり、悪口を言う人に文句を言ったりします。
悪口をほうっておいて忘れられる人が、メンタル力のある人です。

イライラがすっきりする方法 13

悪口を、気にしない。

14

下山してから、「おめでとう」と言う。

山登りでは、ベースキャンプにメンターがいます。
メンターは、登頂に成功した時に「おめでとう」とは言いません。
山の頂上で、旗を持ってバンザイしている絵がよくあります。
本当はそんなことをしてはいけないのです。
山の事故は、登る時よりも下る時のほうが多いのです。
登る時はまだ気を張っています。

上まで登って、旗を立てて、「ヤッター」とガッツポーズのビデオや写真を撮っている間に気が緩んでしまいます。

「あとは下りだけ」と思って、下山途中に帰らぬ人になることが多いのです。

メンターはそれがわかっています。

生きて帰ってきた時に、初めて「おめでとう」と言うのです。

これが現場の人間とメンターとの違いです。

メンターを持つと、自分の中で「メンターだったらどう言うだろうか」と、自分で自分のコーチングができます。

すばらしいコーチ、すばらしいメンターにめぐり会うだけではなく、自分の中にメンターとテレパシーのやりとりができるアンテナとスピーカーを持つことです。

メンターの思考回路を自分の中に埋め込んで、メンターのカメラを自分の中に持つのです。

山の登頂に成功すると、ガッツポーズをしたり、みんなでワアーッと騒ぎたくなります。

そこで「待てよ、自分のメンターならここでなんと言うか」と考えます。

メンターは、「よかったね。とりあえずそこまではＯＫ。気をつけておりてくるんだよ」と言って、「おめでとう」とは決して言いません。

自分の中で、メンターの目から見た自分自身を見るのです。

一流のスポーツマンは、自分の試合を振り返る時に、他人事のように語ります。

イライラしない人は、メンターの目から見た自分自身をとらえているのです。

14 イライラがすっきりする方法
ゴールの前に、ガッツポーズをしない。

15

究極のメンターは、神様。

音楽プロデューサーのつんく♂さんは、いろんなプロジェクトをプロデュースします。こだわりのある人です。

つんく♂さんが一番心がけていることは、常に自分が愛している音楽の神様、自分を愛してくれているだろう音楽の神様の目で見ることです。

神様が「ＯＫ」と言ってくれるかどうかを基準にしているのです。

手を抜くこともできますが、手を抜いたら音楽の神様に叱られます。

すべての仕事において、究極のメンターは神様です。

メンターは、具体的な人間でなくてもいいのです。

神様と思えるようなメンター、メンターと思えるような神様を持つことです。

それはすべての人が持つことができます。

自分の神様を持つと、手を抜きたくなったり、山の頂上でガッツポーズをとりたくなった時に、「いや、これでは神様に申しわけない」と思えるのです。

実際の仕事の現場において、「これはこんなもんでいいんじゃないの」と思う時があります。

それでも誰にも文句は言われません。

ここで自分のメンターに登場してもらって、より厳しくしてもらうのです。

そうすることで、何かアクシデントが起こった時に、「やっぱりきたか」と考えられるのです。

頂上は道の3分の1にすぎません。

そこでガッツポーズをとってしまうと、下山途中でアクシデントが起こった時に、

「こんなはずじゃなかった」と思うのです。

それは、アクシデントが起こらないことを前提にした考え方です。

勉強・仕事・雑用・家事・寝ている時など、どんな時も「今メンターは自分をどう見ているだろうか」という客観的な目で物事を見ることが大切なのです。

イライラがすっきりする方法 15

神様に見守られているつもりでいよう。

第2章

アクシデントを、乗り越えよう。

16

ピンチは、アクシデントを乗り越えるレッスン。

交通事故にあった人が、落とした時計や脱げた靴を探していることがあります。はたから見ている人は、まず救急車を呼んでから探せばいいのにと思います。物事には必ず優先順位があるのです。

ところが、当事者がパニックになると、優先順位が混乱して、いつやってもいいようなことを先にしてしまうのです。

ふだんはそんなことはありません。

いざアクシデントに巻き込まれた時に、初めてそういうことが起こるのです。

アクシデントが起こった時に、「こんなはずじゃなかった。自分は運が悪い」と考えてはいけません。

「神様がピンチを乗り越える力をトレーニングしてくれている。これはレッスンなんだ」と考えることです。

イライラがすっきりする方法 16

「ピンチは、レッスン」と考えよう。

17

本番の意識で、練習する。

練習と本番とでは、本番のほうがパニックに陥りやすいです。
練習で100回成功していることが、本番ではうまくいきません。
練習で1回も失敗したことがないところで失敗するのです。
それは、練習と本番とで意識を区別しているからです。
「これは練習」「これは本番」という意識で、練習のための練習をしていたのです。
本番の意識が何もない練習をしていると、本番でミスをします。

ボールルームダンスのパーティーで、デモンストレーションの発表の当日は、リハーサルは1回しかできません。

1曲3分ぐらいの曲を1回踊るだけです。

リハーサルでうまくいった人は、本番で失敗します。

これは大原則です。

本番で失敗すると、傷は大きくなります。

いつも間違えているところで間違えた場合は、比較的傷は浅く、すぐにもとのレールの上に戻せます。

ところが、一度も間違ったことのないところで間違うと、レールがどこに行ったかわからなくなります。

立ちすくんで、「頭真っ白」という状態になるのです。

ふだんの練習で、すべての状況を一度間違えておくことです。

本番では、むずかしいところでは失敗はしません。

むずかしいところは教室でも間違えていて、十分練習しています。

実際の本番でミスるのは、簡単なところです。
だからよけいパニックになるのです。

いつもボールペンで書いている漢字を大きな筆で書こうとすると、書き方がわからなくなることがあります。

いつもと感覚が違うので、「こんな字だっけ」と何かヘンな感じがするのです。
どんな状況になってもいつもと同じようにできるのが、メンタル力です。
本番でいつもと完全に同じ状態にすることは、不可能です。
本番は、いつもの1割引、2割引、3割引の状態です。

その割引率をいかに小さくできるかがメンタル力なのです。

17 イライラがすっきりする方法
練習で、失敗しておこう。

18

練習のように、力を抜いて本番に臨む。

外国人のスポーツ選手は、あの緊張する本番で自己新記録を出します。
実力以上のことができるのも、メンタル力です。
「ゾーン」という状態に入るのです。
パニックの逆の現象が起こるのです。
勉強や練習をしたら、メンタル力がつくというわけではありません。
逆に、勉強して技術力や知識が増えるほど、怖くなります。

なんの知識も経験もない人は怖さを知らないのです。

練習や経験を積んでいる人ほど、それに見合ったメンタル力を鍛えなければならないのです。

世界陸上で、バスケットボールシューズを履いて走り高跳びに出た選手がいました。跳び方も違います。

あれだけ跳び方を科学的に研究している走り高跳びの世界で、足を上にして、三段跳びのように跳んでいるのです。

本来、走り高跳びには専門の靴があります。

彼はバスケットボールをやっていたので、足になじんでいるバスケットシューズで跳ぶのです。

「靴が違うよ」と誰かに言われて、次の日、棒高跳びの靴を履いてきました。

本人はいいと思って履いたのに、また違うのです。

そんな人が金メダルをとったのです。

それは怖さを知らないからです。

跳べた本人がびっくりしていました。

まさか跳べるとは思っていなかったのです。

彼が練習すると、どこかで怖さを知って、むずかしくなるのです。

ライバルはみんな怖さを知っています。

メンタル力は、ほうっておいてもつきません。

常に鍛え続けることです。

メンタル力を鍛えるために、ピンチというレッスンがあるのです。

本番をいかに練習のように力を抜いてできるかです。

本番だから一生懸命やるとか、本番だから頑張るというのは、その時点でメンタル力が下がりかけている証拠です。

「ゾーン」に入ると、そんなことは一切考えないのです。

イライラがすっきりする方法

18

練習で、真剣にしよう。

19

倒れてきた人と、共倒れにならない。

恋が長続きするかどうかは、メンタル力が勝負です。

メンタル力のある人は、ケンカをした時に、自分から「ごめん」と言えます。

「向こうが謝ってきたら謝る」と意固地になっている人は、メンタル力がないのです。

サービスマンに最も必要なのは、知識でもテクニックでもなく、メンタル力です。

たとえば、自分の上司のやったことで、お客様にクレームを言われます。

「どうして自分が文句を言われなくちゃいけないの。上司は逃げてずるい」と思います。

お客様にそんなことを言っても仕方がありません。


ファミレスで「頼んだコーヒー、まだ？」と怒っているオジサンがいます。

ウエイトレスは「すみません、すぐお持ちします」と謝っています。

「忙しいのに、ウエイトレスもかわいそうにな」とハラハラします。

オジサンは、ここでごはんを食べて、アイスコーヒーを飲んで、仕事に戻るつもりでした。

そのわずかな安らぎのひとときが台なしになったのです。

「そんな小さなことで」と思います。

オジサンにとっては1日の中で大切なひとときです。

サービスマンは、精神状態が倒れているお客様と共倒れにならない力が求められます。


恋愛でも同じです。

「売り言葉に買い言葉」というのは、倒れてきた相手と一緒に自分も倒れる状態です。
そうすると、共振して揺れがもっと大きくなるのです。
倒れてきた相手を優しく受けとめて立て直すことが、メンタル力です。

船は、横波が来て傾いても、ある角度まではもとに戻す復元力があります。
波が来た時に、波と同じように揺れると、揺れはもっと大きくなります。
波を押し返すのではなく、うまく受けとめて吸収しなければなりません。

船底には羽根があります。
港に入ったり運河を通ったり、狭いところでは羽根を畳んでいます。
波が大きくなってきたら、羽根を広げて安定性を保つのです。
また、船の中には最初から水が入っています。
その水を出し入れすることで、船の安定性を保っているのです。

人間の心の中にも、この船の復元力と安定性を持つことが大切です。
地面に突き刺さって安定した重心を持っている人は、船底に羽根のある人なのです。

イライラがすっきりする方法 19

先に、謝ろう。

20

マナーのある人は、メンタル力もある。

サービスを裏返すと、マナーになります。

マナーも、メンタル力です。

マナーのいい人は、メンタル力もあるのです。

アイスコーヒーがなかなかこなくて、「早く持ってこい！」と怒鳴っているオジサンは、その時点でメンタル力は下がっています。

「忙しいところごめんね」と相手の忙しさもわかってあげて、声を荒立てないでいい間で言えるのが、マナーです。

自分の頼んだモノがこないという状態でもイラつかない人が、マナーのある人です。


飛行機のエコノミークラスのミールサービスでは、片側の座席が5列ぐらいあります。

左右でサービスをすると、どうしても同じペースでは進みません。

片方が早くて、片方が遅くなります。

早く終わったほうは反対側にまわって、Uの字型にやっていきます。

ミールサービスには、魚料理と肉料理の選択肢があります。

前の人が「お肉」と言い、お肉、お肉、お肉と続いて、偏ったとします。

そうすると、品切れになって「後ほどお持ちします」と言われます。

それを誰かに伝言した時が危ないのです。

ポツンと1人だけ渡し忘れが発生するのです。

両隣の人は「この人のはどうなっているんだろう。ワゴンが帰っちゃったけど」とハラハラします。

「まだきてないんですけど」と言って「すみません、今お持ちします」と言われた時に、「もういらない！」と言う人がいます。

かたくなになって、何を持っていっても「もういらない」と言うのです。

本当はむちゃくちゃおなかがすいているのに、意固地になっているのです。

これはメンタル力が下がっている状態です。

頼んだモノがこないというのは、1つのアクシデントです。

ちゃんとしたサービスを受けられなかった時に、どう対応できるかです。


出張で疲れている人が、帰りの飛行機を寝て行こうと思います。

帰ったらすぐ仕事です。

それなのに、隣で赤ちゃんがワアワア泣いているのです。

ここで「泣きやませろ」と怒鳴る人がいます。

「これを言ったらそのあとどうなるのか」を考えなければなりません。

それが客観のカメラで見るということです。

大人と子どもとの差は、メンタル力があるかないかの差です。

怒りたい時に怒って、泣きたい時に泣いて、笑いたい時に笑って、自慢したい時に自慢する人は、大人ではないし、メンタル力もないのです。

上からのカメラで客観的に自分自身を見れば、今どうするのがみっともなくて、どうしたほうがカッコいいのかがわかります。

「怒鳴りたいから怒鳴った」というそのままの行動をドンと出さないことです。

恋愛もサービスもマナーも、基準はすべてメンタル力にあるのです。

20 イライラがすっきりする方法
マナーを、よくしよう。

21

頭を下げて、腰をひかない。

メンタル力は、より積極的に現実を受けとめ、解決策を見つけていくことです。

遠慮して一歩引くことでは決してないのです。

頭を下げるのも、遠慮する行為ではありません。

頭を下げて、腰を低くして、腰を入れて、より積極的な状態でピンチをレッスンと受けとめるのです。

そのチャンスに自分が成長します。

神様が練習の機会を与えてくださっているのです。
ここで練習しておけば、次に似たような事態が起こった時に動揺しなくなります。

よく道を間違える人は、道を間違えても動揺しません。

道を一度も間違えたことのない人は、道を間違えたらパニックになって、どんどん違うところに行ってしまいます。
いつも道を間違えている人は、適当にまわっているうちにもとの本線に戻ってこれるのです。

体をこわしたことのない人が体をこわすと、パニックになります。
年中病気で、痛がりで、「これぐらいのことで病院に来ないでください」と言われている人は、逆に病気に強くなるのです。

21 イライラがすっきりする方法
間違いに、強くなろう。

22

自分が楽しみたい時は、相手を楽しませる。

ピンチが起こった時には、「本番」ではなく「レッスン」と考えることです。

究極、人生において本番はないのです。

すべてが本番であり、すべてがレッスンです。

1つの本番が次のレッスンです。

「これは本番」「これはレッスン」という分け方が、最も緊張して、メンタル力が生かせなくなるのです。

すべての練習が本番で、すべての本番が練習です。
ピンチが起こっても、「これはこういう課題だな。こういう時にどうするかを練習させてくれているんだな」という気がするのです。

必ずしもそこで大成功を収める必要はありません。
うまくいかなくても、ここで1つ体験できて、何か得るものがあったと考えるのです。
そうすると、ピンチの時も笑っていられるのです。
メンタル力で大切なことは、自分も安心して、まわりの人も安心させることです。
結局は、どう楽しむか、どう楽しませるかにつながるのです。
自分が楽しみたいと思っても、自分は楽しめません。
相手を楽しませようとすると、自分も楽しめます。
自分を相手、相手を自分として見ることです。
立場を入れかえて、視点を入れかえる力がメンタル力です。

メンタル力の最終的な目標は、相手を楽しませ、自分の人生も楽しくすることなのです。

イライラがすっきりする方法 22

まず相手を、楽しませよう。

第3章

テンションを、高く保とう。

23

下がったテンションを、立て直せる人が勝つ。

何かをやり始める時のテンションは、必ず上がります。
上がるからやるのです。
テンションが下がることをやり始める人はいません。
ところが、ほうっておくと、必ずあるところからテンションが下がります。
① このままひたすら下がり続ける人
② 下がってきたテンションを立て直す人

という2つのパターンに分かれます。

スポーツの試合でも、冒頭は誰でもテンションが高いのです。

いったんテンションが下がったあとどうするかで、勝負が決まります。

ラストのほうでテンションを持ち直した人の勝ち、そのまま落ちていった人の負けです。

ゴルフの試合は、予選を含めて、プロは4日間、アマチュアは6日間やります。

強い人は、3日目、4日目でグングン上がってきます。

1日目、2日目の調子がよくても、勝てない人は3日目、4日目で下がってくるのです。

これは、すべてのスポーツにおいて言えることです。

後半にテンションを上げられるかどうかが勝負なのです。

イライラがすっきりする方法 23
まずテンションを立て直そう。

24

下がったテンションは、背中に出る。

ＴＶ番組の収録は時間がかかります。
面白くない人、売れない人は、後半になるほどテンションが下がってきます。
面白い人は、後半になればなるほどテンションが上がってきます。
『鶴瓶の家族に乾杯』は、ゲストに力量を求められます。
最初は比較的ローテンションで緩やかに始めます。
テンションが長時間キープできないゲストは、後ろ姿のシーンが多くなります。

誰にも話しかけないで、背中を向けてひたすら歩いているのです。

笑福亭鶴瓶さんは後ろ姿が少ないのです。

座ったり立ったりよく動くので、カメラがまわり込んでいきます。

疲れてきたゲストは、ただ歩いているだけです。

背中はテンションが下がるとバレやすいので、気をつけてください。


飲みに行っても、冒頭はテンションが上がりますが、だんだんテンションが下がる人がいます。

最後は、グチっぽかったり、泣いていたり、からんでいたりします。

最初の元気はどうなったんだと思います。

テンションが下がってしんどくなってきたら、特に歩いている時の背中に出ます。

『鶴瓶の家族に乾杯』は、カメラが後ろからついてきます。

ゲストの背中を見ていると、「ヤバい。テンションがむちゃくちゃ下がっている」

とわかるのです。

エンディングのところで、家族のいい話が出てきます。

口やかましかったおばあちゃんが、おとなしいだんなさんに感謝しています。

無口なだんなさんの「幸せ」というセリフがとれます。

「家族っていいな」と思います。

これで番組としては締まるのです。

後半にテンションを上げて欲しいのに、逆にテンションが下がる人がいます。

日も落ちて、だんだん暗くなっていきます。

テンションが下がる人は、「この人はつくられた世界だけの人なんだな」という素が見えて、損なのです。

24 イライラがすっきりする方法

背中に、元気を出そう。

25

ゴルファーは、歩き方で、勝者がわかる。

TVでゴルフの試合を見るのが好きです。
ゴルファーが歩いているところを見ていると、面白いです。
ティーショットを打ち下ろしたあと、第2打の球のところへ歩いていきます。
この歩き方で、その人が勝てるかどうかがわかるのです。

勝てる人は、きれいな姿勢で歩いています。

トボトボ歩いていません。

風が吹いたとか、キャディーが悪いとか、文句を言っている人はトボトボ歩いています。

そういう人は、負けです。

どんな時でも、テンションの下がってきた人は歩き方がトボトボとなるのです。

イライラがすっきりする方法 25

堂々と、歩こう。

26

さっそうと歩けば、テンションが上がる。

調子のいい人は、歩き方がさっそうとしています。

調子が悪くなってきた時もさっそうと歩けば、必ずテンションは上がります。

上司に叱られてテンションが下がった時も、さっそうと歩くことです。

デートで次の誘いを断られ、フラれて帰る時に、しょぼくれて歩いていたら、女性が「やっぱり行きます」と言おうと思って振り返った時に、声を抑えてしまいます。

さっそうと帰ると、もう1回チャンスがあるのです。

うまくいかなかった時は、必ずさっそうと歩くようにします。

社長は、景気が悪くても、さっそうと歩いていれば、社員は「うちの会社は調子がいいぞ。今はきついかもしれないけど、社長は何か策があるに違いない」と思います。

営業マンも、セールスがうまくいかなくてもさっそうとしていることが大切なのです。

イライラがすっきりする方法 26
「トボトボ歩いている自分」に気づこう。

27

プロは、見る人に不快感を与えない。

見た人が不快にならないのがプロです。

ふてくされて、トボトボうなだれて歩いていたら、見る人は不快になります。

営業に行って、さっそうと会社に戻ってきたら、「おっ、うまくいったのか」と思います。

ここで「ダメでした」と言ったら、上司も何か怒りにくいのです。

ショボショボ帰ってくると、逆に怒られるのです。

親知らずを抜きに歯医者さんに行く時に、トボトボ歩いたら、その時点で痛いのです。

さっそうと歩いていると、痛さが消えます。

乗り越えられるエネルギーが湧いて、上昇曲線に入っていけるのです。

ゴルフのティーショットを打ってから2打目までは、特に距離があります。

TVに映るところで、ここの歩き方が汚い人はまずいません。

TVは優勝候補から1位、2位、3位の人を撮っているので、みんなきれいな歩き方をしています。

OBを打ったあとも、きちんとOBのほうに向かって、あたかもフェアグリーンのド真ん中へ打ち込んだかのようにドーンと胸を張って歩いています。

ここでトーナメントリーダーの顔で歩いていける人は、立て直してきます。

そこで首をかしげたりしていたら、立て直せないのです。

イライラがすっきりする方法 27
見る人をさわやかにしよう。

28

負けた時こそ、胸を張る。

歩き方は、ゴルフには直接関係ありません。
ゴルフでは打つ瞬間は2秒です。
1ゲーム4時間ぐらいで、ほとんどは歩いています。
スコア100でまわったら、100×2秒で、打っている時間は200秒です。
4時間の間に3分少々しか打っていなくて、ほかはずっと歩いています。
歩いている姿勢で、2秒のパフォーマンスが変わってきます。

最終的に勝てるかどうかは、歩き方でわかるのです。

調子の悪い時であればあるほど、さっそうとした歩き方をすることです。


さっそうとした歩き方とは、胸を張って歩くということです。

少し威張っているぐらいのほうが、「次の案を考えているんだな」と期待できるのです。

さっそうと歩いていると、表情が明るくなります。

表情は歩き方で決まります。

トボトボ歩いていると、首がうなだれていきます。

トボトボ歩いてニヤニヤ笑っていたら、危ない人です。

「ヘンな人がいます」と通報されます。

ヘンな人を演じようと思ったら、トボトボ歩きながら、顔だけムリにニヤッと笑えばいいのです。

イライラがすっきりする方法 28

負けた時こそ、勝った気分でいよう。

29

テンションは、さっそうと歩くことから生まれる。

デートの待ち合わせでは、相手のところへさっそうと歩いていきます。
それで今日の流れが決まります。
自分の気持ちが変わることが大切です。
面白いもので、営業は「通る」と思った時は通ります。
「ダメかな」と思った時は、やっぱりダメなのです。
オーディションも、「通るわけがない」と思って行くオーディションは、通りません。

調子のいい時は、みんなさっそうと歩いています。
調子の悪い時に、さっそうと歩く人と歩かない人とに分かれるのです。

ボウリングの試合は、1ゲームごとにレーンを移動します。
ボールバッグを引っ張りながらトボトボ移動する人は、やっぱり勝てません。
さっそうとしていたら、「あの人は調子がいいんだな」と思われます。
そういう人が残っていくし、ファンがつきます。
応援があれば、ますます元気が出ます。
自分からもエネルギーを得て、まわりからもエネルギーがもらえるのです。
歩き方で勝者がわかります。
テンションは、さっそうと歩くことから生まれるのです。

イライラがすっきりする方法 29
早足で、歩こう。

30

勝者と敗者がいるのではない。勇者と臆病者がいるだけだ。

「勝者」と「敗者」がいるという見方をしていると、くじけて、ココ一番のところで負けてしまいます。

必ず下へ落ちていって、立て直せないのです。

立て直せる人は、「勇者」と「臆病者」がいると考えます。

実際、この2人しかいないのです。

自分はどちらになるかです。

負けても勇者の人もいれば、勝っても臆病者の人もいます。
勝負は、1回勝つだけではなく、勝ち続けなければいけません。
臆病者として勝っても、次は絶対負けます。
まわりの人たちのリスペクトや支持は得られないし、ファンもつきません。
結局、勝ちが続かないのです。
勇者として負けた者は、勝ち続けます。
たとえ敗者になっても、まわりの評価はまったく考えません。
短期ではなく、1000年単位で考えた時に、自分が勇者になれるかどうかです。
1つの試合で勝てるかどうかではないのです。

イライラがすっきりする方法 30
「堂々とした敗者」になろう。

31

人間を相手にすることで、メンタルが鍛えられる。

僕の子どもの時のゲームは、TVゲームではなく、将棋や人生ゲームなどのボードゲームでした。

TVゲームとの違いは、「相手がいる」ということです。

僕の将棋のライバルは、石田君です。

石田君が毎日僕の家に来て、1日15局くらいやって帰るのです。

石田君とやっていたことが、僕にとっては大きな財産です。

機械はメンタルの駆け引きができません。

人間相手の将棋は、相手が子ども同士であれ、必ずメンタルの駆け引きがあります。

僕は、けっこうしゃべる将棋です。

石田君はずっと黙っています。

お互いの駆け引きがあるのです。

もう2人、浜本君、長谷川君というのがいて、石田、浜本、長谷川、中谷の4人組で、中学生の時は将棋ばかりやっていました。

浜本君は僕と同じで、しゃべりながら相手を攪乱していくタイプです。

石田君は、どちらかと言うと、黙っていて、相手のしゃべりに答えないことで自分のペースを守っていくタイプです。

一番しゃべりに惑わされて崩れていくのが長谷川君です。

その4人でリーグ戦をやっていたのです。


相手が変わると駆け引きのやり方が変わります。

これは機械ではできないのです。

機械で将棋を覚えた子は、人間に向かったら勝てません。

機械はため息をつかないのです。

実際の勝負では「ふう」とため息をつきます。

「ああ、そうか」という一言で、「なんだ、今の『そうか』というのは」という戦いになるのです。

実戦の将棋は、盤面以外の勝負が9割です。

ベテランのおじいさん棋士は、駆け引きが死ぬほどうまいのです。


ボウリングの試合でも、聞こえてきたひとり言に惑わされます。

人間を相手にしていると、必ずそこで駆け引きがあります。

TVゲームでは、メンタルは絶対強くなれないのです。

ベテランの棋士は、頭の回転や記憶力では若者にはかないません。

将棋でベテランの人が戦い続けられるのは、将棋がメンタル力の勝負だからです。

ゴルフは年齢層が猛烈に高いスポーツです。

シニアの選手が、メジャー4大タイトルの最終グループに残っていることがよくあります。

ゴルフは体力だけではありません。

いかにメンタルの勝負かということがわかるのです。

31 イライラがすっきりする方法

人間を相手に、鍛えよう。

32

勝ちに出て失敗したら、次がある。

石川遼選手の人気が高いのは、パー狙いではなく、常にバーディーを狙っていくからです。

パー狙いのパーでは、明日がなくなります。

明日がなくなるような戦い方をしてはいけません。

バーディーを狙ってボギーになるほうが、明日があるのです。

仕事で勝負をかける時も、必ずパー狙いの人が出てきます。

「ここは安全に守っていきましょう」と言うのです。

パー狙いでたかだかパーをとれても、その人には明日がないのです。


勝負では常に明日がある戦い方をすることです。

たとえボギーが出ようがいいのです。

「何を狙ったか」というプロセスのほうが大切です。

これはたまたま1回の結果です。


まわりの選手が石川遼選手をマークするのは、常にバーディーとイーグルを狙ってくるからです。

パーを狙ってくる選手は怖くありません。

しょせんパー狙いです。

点数差があったら、追いかけてこれません。

石川遼選手は、残り5ホールあったら、5打差はないのと同じです。
自分が1発でもミスしたら、ひたひたひたひたと追いかけてきます。
バーディーを狙ってボギーを打つような生き方をしないと、人生は下り坂になります。
失敗を恐れていてはいけないのです。

イライラがすっきりする方法 32

守りに入らない。

33

失敗しても、悔いのないほうを選ぶ。

迷った時は、うまくいきそうなほうではなく、あとで悔いが残らないほうを選びます。

一見簡単そうに思えます。

「失敗した時でも」という言葉を補足しなければなりません。

「これにトライしてダメなら仕方がない」と、失敗した時でも悔いが残らないほうを選ぶのです。

迷っているAとBとで、どちらも守りということはありません。

「守る」か「攻める」か、「パー狙い」か「バーディー狙い」かしかないのです。
バーディーを狙うと、ボギーになる可能性があります。
刻んで2パターで行けば安全です。
1パターで行ったら、うっかりするとそのまま通り越してバンカーにはまります。
3パターになってしまう危険性があるのです。

2位など目指さないことです。

特に、恋愛においては、1位でなければ意味がありません。
嫌われたくないから2位を目指すというのは、最も意味がないのです。
2位を目指した人は大体崩れていきます。
最終的に、メンタル力の勝負になるのです。

イライラがすっきりする方法 33

悔いのないほうを選ぼう。

34

生き残るために必要なのは、心構え。それを捨てたら、負けだ。

メンタル力は、日本語に置きかえると「心構え」です。

心構えは、誰でも最初は持っています。

調子のいい時は、「よし、この勢いで行くぞ」と思っています。

下り坂になってきた時に分かれるのです。

「何がなんでも優勝だ。金メダル以外はいらない。銀・銅だったら辞退する」と言っていた人が、「銀でもいい。銅でもメダルだ。日の丸が揚がればいい」と言い始めます。

やがて「8位入賞でもいい」「準決勝でもいい」と、だんだん志が下がっていくのです。

これが「心構えを捨てた」ということです。

苦しくなっても、心構えはキープします。

心構えを捨てた瞬間に、相手はラクになります。

どんなに大差がついても、心構えを捨てなければ、相手はプレッシャーを感じて崩れていきます。

相手のいない戦いは、自分との戦いであり、神様との戦いです。

神様は「こいつ、なんでこんなうまくいかないのに心構えを捨てないんだ」と、根負けして実現してくれるのです。

心構えをどちらが先に捨てるかです。

相手が捨てる前に自分が捨ててはいけないのです。

イライラがすっきりする方法 34

心構えを、捨てない。

35

逃げ道がある時、心は弱くなる。

心構えを捨てるキッカケの1つは、逃げ道です。

猫がネズミを追い詰める時に、逃げ道があるかないかで、ネズミが強くも弱くもなります。

ネズミに勝つ方法は簡単です。

逃げ道をつくってあげればいいのです。

逃げ道をつくると、ネズミは向かってこないで逃げようとします。

逃げようとする時に、最も弱くなるのです。

「逃げ道がある」と思った瞬間に、メンタル力はもろくも崩れ去ります。
逃げ道のあるネズミは、世界最弱です。
自分がそうなってはいけません。
自分が攻める側なら、相手に逃げ道をつくってあげます。
攻められている側が逃げ道を探したら、その時点でアウトです。
「逃げ道はどこかにないか」と探し始める気持ちだけで、弱くなるのです。
どん底まで行かなければ、逃げ道はあります。
どん底まで行った人は、逃げ道がないから、強いのです。
心構えは、逃げ道がある時に必ず弱くなるのです。

35 イライラがすっきりする方法

逃げない。

36

言いわけが自分を弱くする。

「逃げ道」は、「言いわけ」です。

うまくいかない時に言いわけする人は、絶対に夢は実現しません。

言いわけを探し始めた瞬間に、その人は簡単に負けます。

断念して続けられなくなるのです。

言いわけをしないうちは強くなります。

ゴルフでＯＢに打ち込んだ時に、「風が吹いた」とか、なんだかんだと言いわけする人がいます。

ゴルフでもボウリングでも、キャリアを積むと、言いわけのボキャブラリーがむちゃくちゃ増えます。

何がうまくなるかといって、スイングではなく、言いわけがうまくなるのです。

言いわけしているうちは、強くなりません。

自分で逃げ道をつくって、自分で逃げています。

逃げる選択が最も弱いのです。

人生で逃げまわっていたら、それで終わりです。

サラ金が相手をカモにするコツは、逃げ道をつくることです。

カモになる人は、逃げ惑ってサラ金にハマるのです。

完全に追い詰めてはいません。

将棋でも、逃げ道をつくってあげたほうが相手はくじけます。

勝手に自分を追い詰めていくのです。

言いわけをすることで、その場しのぎで乗り越えたとしても、自分の気持ちを弱めていきます。

言いわけをしたら、相手の損ではなく、自分自身の損です。

カッコ悪いだけではなく、自分自身が弱くなっていくのです。

イライラがすっきりする方法 36
言いわけしない。

37

援軍を待った者が、負ける。

「助けて」と叫んだ瞬間に、心は崩れています。
街でケンカになった時に、「助けて」と言うのは敗北宣言です。
「やるのか」「助けて」というのは、ありえません。
ところが、なぜか仕事の現場では「助けて」と叫ぶのです。
ケンカの時に「誰か助けて」と言ったら、「こいつ、弱い」と思われます。
「表へ出ろ」と言われて、「できるだけ人の多いところ」と考えたら、その時点で負

けています。

誰かに助けてもらおうと思っているのです。

人の多いところへ出るか、人のいないところへ出るかで、強さの差が出ます。

「表へ出ろ」と言って、裏口の誰もいないところに連れて行く相手は強いのです。

これについて行ったら、まず負けます。

逆に、人の多いところに連れて行く相手なら勝てます。

助けを求めた時点で心は崩壊するのです。

イライラがすっきりする方法 37

助けを、求めない。

38

保留が、最低の決断。

ボウリングの試合を朝から夜遅くまでやっていると、レーンのオイルがどんどんなくなってきます。

オイルがなくなった時は、もっと走るボールに切り替えます。

これをいつ替えるかの決断がむずかしいのです。

調子のいい人は、まわりの選手よりも早く替えていきます。

まわりがみんな替え始めてから替えているようではダメです。

38

イライラがすっきりする方法

保留にしない。

少し早くても、早く替えて失敗するタイプのほうが、最終的には勝ち残ります。

決断を保留している人が、最も心が弱くなるのです。

AかBかという時に、「A」「B」「保留」という3つの選択肢があります。

Aが正解、Bが不正解の時に、保留はBの不正解よりもっと間違いなのです。

最低の決断が保留です。

保留することで、その人の心はもっと弱くなっていくのです。

39

「無効」「待った」と言った瞬間、立ち直れなくなる。

将棋には「待った」があります。

そこへ追い詰めるために、今まで何手先も読んで仕掛けてきたのに、「待った」をされるのです。

「待った」と言われて、相手は待ってくれたとします。

一度「待った」と言ったら、2回、3回と「待った」と言いたくなります。

結局、弱くなるのは自分自身です。

「いざとなったら『待った』と言えばいい」という、気持ちの弱さがあらわれるのです。

将棋で強くなれない人は、「待った」を言う人です。

「待った」を言わないで負ける人のほうが強くなります。

「待った」を言って勝てる人は、いないのです。

今は、子どもの時にお父さんと将棋をする習慣がなくなりました。

子どもの時に「『待った』を言ったら負ける」ということを、きちんと学習しておかないと、大人になった時に仕事で「待った」を言い始めます。

仕事の現場では「待った」が多いのです。

「待った」を言うと、自分がくじけて、自分が弱くなるだけです。

その場はしのげても、一生の中で大きな損をしているのです。

ジャンケンで負けた時に、子どもは「無効」「ノーカン」「あと出しだ」と言います。

突然「3回勝負」と言い始めるのは、子どもの論理です。

これを言う子はメンタルが弱いのです。

メンタルがわかっている人間は、わざとこれを受け入れます。

受け入れることで、相手がますます弱くなることがわかっているのです。

受け入れてもらったからといって、「ラッキー、許してもらえた」と思ってはいけません。

自分の心が崩されているのです。

勝負は結果の戦いではありません。

いかに相手に心構えを捨てさせるかの戦いです。

ゴルフなどで、スコアのズルをする人がよくいます。

そういう人は、結局負けます。

その時負けるだけではなく、ゴルフ自体、強くなりません。

その場はスコアをごまかして勝てたとしても、自分自身がゴルフを捨てていくことになって、楽しくなくなるのです。

イライラがすっきりする方法 39

「待った」をしない。

40

祈る前に、できる努力をする。

「祈る」というのは、一見いいことのように感じます。

何もしないで祈ると、心はますます弱くなります。

ラストの1秒までできる努力をやり続けることが、メンタル力です。

心構えを捨てないコツです。

まだ時間があるのに、「もう残り時間が少ないから」と諦めて祈り始めるのは、できる努力を放棄しているのです。

終わってから祈るならいいですが、時間内には絶対祈ってはいけません。

ラスト1秒まで、できることが何かあります。

それを最後まで諦めないでやるのです。


僕は、ビジネススクールでビジネスコミュニケーションの講義をしています。

1分間スピーチで時間を余らせる人は、スピーチがうまくなりません。

最後の1秒まで使わないと、もったいないのです。

何かを伝えるために、ラストの1秒まで使っているかどうかです。

ラストの1秒で、まだ戦い続けている人と、祈っている人とでは、大きな差がつきます。

40 イライラがすっきりする方法

祈らない。

41

「感情の器の水」をこぼさない。

メンタル力のイメージは、感情の器に張った水のようなものです。
これをこぼしたほうが負けです。
諦めてくじけたら、水はこぼれます。
相手の挑発に乗ってしまったら、こぼれます。
いかに感情の器から水をこぼさないかが、メンタル力です。
何を言われようが、どんなピンチに陥ろうが、この水をこぼさない人が、最終的に勝負に勝てるし、夢を実現できるのです。

人間の感情は、器です。

器が大きい小さいというよりは、器のバランスがとれているかどうかです。

どんなに傾いても、器をちゃんとキープしていたら、水はこぼれません。

満員電車の中で水を満タンにたたえた器を持っていて、押されて傾いても、絶対にこぼさない人が強いのです。

たとえ転んでも、こぼさなければセーフです。

水がこぼれた時に負けるのです。

これが神経の揺さぶり合い、感情の揺さぶり合いのゲームです。

これは、勝負やスポーツに限りません。

お客様からクレームを言われた時に、「自分のせいじゃないのに、なんでこんなにボロクソに言われなければいけないんだ」と思った瞬間に水はこぼれます。

そうすると、サービスができなくなります。

イライラがすっきりする方法 41

器の水をこぼさない。

上司が部下に怒って、部下が反発します。
「なんだ、このヤロー」と怒った瞬間に、感情の器の水がこぼれてしまうのです。
顧客満足の考え方も、リーダーシップの考え方も、メンタル力にかかわってきます。
サービス力のある人、リーダーシップのある人は、メンタル力があります。
メンタル力のある人は、スポーツをする時でも「待った」を言わないのです。

42

逃げ道の先に、明日はない。

最後の1秒まで頑張るのは、ひたすら可能性を追い求めるということです。

「成功する可能性は何%ぐらいですか」という質問がよくあります。

「40%」と言ったら、「50%行っていないんですか」と言って、やらない人がいます。

そんな人は、「成功する可能性が1%」と言ったら、絶対やらないのです。

ただ祈って何もしない人になります。

そうなると、ひたすら奴隷になっていきます。

結果としては、逃げることになるのです。
一生逃げて、人生が終わるのです。

「保留」「待った」「ノーカン」は、全部逃げています。
逃げている先に、明日も出口も夢もありません。
逃げているうちに、なんとなく明日がくるような気がします。
でも、明日はきません。
逃げることを、まずやめることです。
言いわけも、グチも、悪口も、自分以外の人のせいにするのも、逃げています。

「嫌われたくない」というのも、逃げています。
「嫌われるのなら、いいお友達でいたい」と思って告白できないのは、逃げているのです。

同僚・上司・部下・恋人・生徒・お客様に嫌われたくないと逃げまわっていたら、

結局は誰からも信頼を得られません。
先生は、生徒に怒りたいのに怒れなくなります。
結局、逃げていればなんとかなると思っているのです。
そういう人はチャンスを失い続けます。
チャンスが手に入らないのは、逃げているからです。
逃げたくなった時、実はチャンスは前にあります。
自分がネズミなら、チャンスは猫の後ろです。
猫に向かっていかないと、チャンスはつかめないのです。

イライラがすっきりする方法 42
人のせいにしない。

43

若いうちに、勝ち負けをたくさん経験しておく。

メンタル力を強くするためには、「たくさんの勝ち」と「たくさんの負け」のどちらも経験することが必要です。

特に勘違いしてはいけないのは、勝率です。

勝率を考えると、勝ち負けの数は減ります。

戦わないほうが得だからです。

たくさんの勝ち、たくさんの負けを目指したら、勝率は下がっていきます。

どんなに負け数が増えても、勝ち数を増やしていけばいいのです。
当たりもハズレも、両方自分の体験です。
負けは怖くありません。
ハズレ券もよしとします。

勝ちも負けも、どちらもメンタル力を強くします。

勝率にこだわる人は、負けられないので、戦いづらくなります。
負けたくなければ、戦わないのが一番です。
勝ちも負けも両方得点になるなら、戦うほうが得です。
これをできるだけ若いうちに体験しておくことです。

現代は、できるだけ勝ち負けをつけない社会です。
運動会でも、みんなで手をつないでゴールするという世の中です。
こんなことをやっていると、メンタル力はひたすら弱くなります。
何がなんでも勝たなければならないということではありません。

メンタル力が弱くなってはいけないのです。

メンタル力が弱くなると、人に優しくできなくなります。

恋人とケンカした時に、メンタル力が強いと、「今、この人はこんなにガーッと言っているけど、今日何かイヤなことがあったんだな」と考えて、ふっと抱きしめてあげられます。

メンタル力が弱いと、「おまえこそなんだ」と、相手が痛いことを言ってしまう、冷たいことになります。

メンタル力を強くすると、人に優しくできるようになります。

まわりに幸せを与えられることが、メンタル力を鍛える一番のメリットなのです。

イライラがすっきりする方法 43

負けをたくさん経験する。

第4章

イライラを、こうして収める。

44

人を助けるよりも、自分が強くなる。

イライラしている仲間を助けるには、どうすればいいでしょう。
仲間を守るためには、まず自分のメンタル力を強くします。
自分が生き残って、また場所をつくっていくのです。
自分自身が強くなることが最大の挑戦です。
まわりを助けることは、見かけ上は優しい行為です。
でも、まわりを助けて、みんなで全滅するのです。

誰かを助けたいと思ったら、手を差し伸べるよりも、自分がもっと強くなることです。

それがより高い志です。

このままでは全滅するという時に、とにかく自分が倒れてはいけません。

「人を助けたから自分はダメになった」となると、ここですでに言いわけが生まれます。

言いわけを断ち切っていく生き方をすればいいのです。

かかわらないことが、実は優しいのです。

かかわっても、結局は助けられません。

手を差し伸べるヒマがあったら、自分が強くなればいいのです。


手を差し伸べるタイプの人は、自分がくじけている人です。

心構えがくじけると、他人にかまい始めます。

自分が戦っていて、まだ心構えがキープできている時は、人に対して「こんなことをしているとダメだよ」とは言いません。

自分がチャレンジャーだからです。

「オレも頑張っているから、一緒に頑張ろう」と言うのが、最大の助けです。
自分が何もしないで「こんなことしているとダメだよ」と人にかまい始めるのは、
1つの逃げ道になるのです。

イライラがすっきりする方法 44

助けるかわりに、自分も頑張る。

45

小さい善を捨てて、大きい善をとる。

「小さい意味での善悪」と「大きい意味での善悪」があります。
目の前の人を助けたら、小さい意味ではカッコいいです。
でも、それは小さいことです。
小さい意味での善で、自分の気持ちの弱さをカバーするのです。
これはむずかしい議論です。
ギリギリのところで戦う体験をしないと、この感覚はわかりません。

自分が頑張ることで、結果としてみんなが助かるのです。

映画『八甲田山』で、青森歩兵第5連隊と弘前歩兵第31連隊が雪中行軍をしました。

青森第5連隊は、いろいろな組織的なミスで大惨事になりました。

ほぼ全滅に近いような状態です。

弘前第31連隊は無事で帰ってきました。

この2つの連隊それぞれに、たまたま兄弟がいたのです。

お兄さん役は、まだ若いころの前田吟さんです。

弟が雪の中で死んでいるのを見つけます。

弘前第31連隊隊長役の高倉健さんに、「弟を背負っていってもいいですか。許可を下さい」と言いました。

これはカッコいいです。

手を差し伸べているのです。

これが助けるということです。

隊長は「ダメだ」と言います。

死んだ弟を背負うことで、お兄さんがまず倒れます。

そのお兄さんを別の隊員がかばって、別の隊員がまた倒れます。

隊はこうして全滅します。

隊長は自分の責任として、そんなことはできません。


自分のやっている、一見優しい、カッコいい行為がまわりに迷惑をかけることに気づけばいいのです。

この目線に立てることが、メンタル力です。

「ここは涙をのんで、弔《とむら》って置いていく」という判断ができるのが、リーダーのメンタル力です。


こんなことを言うと、通常は嫌われます。

嫌われてけっこうです。

死んで好かれるより、生きて嫌われたほうがいいのです。
嫌われることで、みんなの命が助かります。
これがリーダーのメンタル力です。
自分のメンツなど考えないのです。

助けるとか手を差し伸べることは、一見、善です。
それによって引き起こされるいろいろなことまで考えることが、器の大きさです。
もっと大きい道徳を考えたほうがいいのです。

世の中の正論は、しょせん小さい範囲でのことです。
人にとやかく意見を言うという選択肢はないのです。
とやかく言う人の話は、聞かなくていいのです。
1人黙々と頑張っている人は、人に意見しません。
そこから学ぶべきものがたくさんあります。

「もっとこうしなければいけないぞ」と言ったり言われたりするのは、幼稚園のレベルです。

大人の世界でも、自然界でも、そんなことは言いません。

これが自然のメンタル力です。

宇宙のメンタル力なのです。

イライラがすっきりする方法 45

嫌われることを恐れない。

46

多数決で決まったことには従う。

自分の意見が通らなかったと、イライラする人がいます。
多数決で負ける体験は大切です。
「多数決で一度も負けたことがない」というのは、なんの自慢にもなりません。
そういう人は、やがて会議に呼んでもらえなくなります。
「あいつは自分の意見がないよね」と言われるのです。
会議の場で反対意見を述べられない人は、やがて信頼度がなくなります。

反対意見を述べられることで、信頼度が上がります。

そういう人は、自分の意見とは違っても、多数決で決まったことを先頭に立ってやっていきます。

「僕は反対したから知らない」と言うのは、器の小さい話です。


自分と違う意見でも、いったん決まったら、それをなんとか成功させるために頑張ります。


「だから、僕は反対した」と言わないことです。

あとからそんなことを言う人は、多数決に参加してはいけないのです。

それは多数決を最も壊すからです。

多数決で決まったことは、みんなの総意です。

それに従えばいいのです。

「私はもともと反対しました」と言うのは、ズルいです。

それが自分自身の行動力を弱めていきます。

多数決で手を挙げるのが遅い人は、メンタル力の弱い人です。

まわりの顔色を見ながら手を挙げているのです。

多数決をとると、

① さっと手を挙げられる人

② まわりの空気で挙げる人

の2通りがいます。

後者の手の挙げ方は、いつも同じです。

キョロキョロ見ているわけではありませんが、まわりの空気を読んでいるのです。

挙げようと思った手が途中で下がっていくので、全員にバレています。

「まわりのことを気にして、自分の意見を言えない人なんだ」と思われます。

自分の意見を言わない人は、「多数決で決まったことで、私の意見じゃない」という逃げ道を最初から用意しているのです。

離婚するタイプの人は、夫婦ゲンカでもめた時に「だって親が」と言い始めます。

「だって、誰々が○○したから」という言いわけを残していると、うまくいきません。
自分で決めていくことが大切なのです。

イライラがすっきりする方法 46

違う意見を、受け入れよう。

47

言いわけするより、次の作戦を立てる。

太平洋戦争の時に、山本五十六《いそろく》大将は真珠湾攻撃に反対でした。
決定になったからには、成功させようとしました。
「私はもともと反対した」とは、自分からは一言も言いません。
まわりからの証言で出てくるだけです。
山本五十六は、「絶対成功させて、早期終戦に持ち込む」と考えていました。
常に自分が思っている方向に結論が出るとは限りません。

そうならなかった時に、どれだけ頑張れるかです。

ゴルフでは、打ち込んだところから始めます。

「自分はバンカーは狙ってないから、その続きからではない」と言いわけしたら、ゴルフは成り立ちません。

打ち込んだところから始めることが、ゴルフが紳士のスポーツであるゆえんです。

自分のやったことは自分で責任をとります。

そこには言いわけも何もありません。

言いわけを考えているうちに、次の作戦を考える時間がなくなります。

脳がストップして、言いわけ脳ばかりが強くなります。

デートの待ち合わせに遅れた時に、「出がけに電話がかかってきて」と言いわけをしても、女性は喜びません。

そんなことを言われたら、よけいイヤになります。

遅れた言いわけをする男性がけっこう多いのです。

この時点で株を下げています。

「僕もそれなりに忙しい」「ムリして時間をつくった」「出がけに上司につかまった」「道が混んでいた」……と、言いわけをすればするほど株が下がります。

それで相手は納得してくれると思ったら、大きな勘違いです。

大切なことは「このあとどうするか」です。

言いわけする人は、自分の大義名分を立てようとして、相手のことを考える余裕がなくなります。

遅れてきた時に、「ゴメン。寒かったでしょう」と、相手を気づかう言葉がないのです。

待っている側からすれば、自分を気づかってくれる一言があるかどうかが大きいのです。

どうやって遅れたかは関係ありません。

自分を正当化しようとすると、よけい嫌われます。

それよりは「寒かったでしょう。予定変更して、温かいモノを食べようか」と、この先の方向を考えることが大切なのです。

47 イライラがすっきりする方法
次の作戦を、立てよう。

48

言いわけや逃げ道は、クセになる。

逃げることのマイナスは、クセになることです。
逃げないことも、逃げることも、クセになります。
マラソンで1回棄権した人は、棄権が続き始めます。
1回歩くと、1回では終わりません。
少し歩いて、立て直したらまた走ろうと思っても、またすぐ歩き始めるのです。
これが人生で起こっています。

言いわけや逃げ道は、クセになるところが危険です。
文章を書き始めたら、最後まで書きます。
途中でほうり投げるクセをつけると、最後まで書けなくなるのです。
仕事を途中で投げた人は、仕事を完結できなくなります。
投げ出すことがクセになるのです。
いいことも悪いことも、どちらも習慣化します。
逃げないことで、メンタル力はついていくのです。

イライラがすっきりする方法 48

おりるクセをつけない。

49

追い込みすぎると、続かなくなる。

得意先や関連協力機関と話をする時に、議論で打ちのめしてしまったら、あとの契約が続かなくなります。

議論はしてもいいですが、打ちのめしてはいけません。

議論では負けて、そのかわり契約をもらいます。

「議論に負けて契約をとる」「長いおつき合いをしていく」という、もう1段上のことを考えていきます。

部下が失敗した時に、叩きつぶすことは簡単です。
逃げ道はわかっているので、逃げ道を全部遮断すればいいのです。
その部下は再起不能になります。
逃げ道を1本つくって許してあげると、部下は上司をリスペクトするようになります。
「改心して頑張ろう」という気持ちになるのです。
逃げ道をつぶそうと思えば、いくらでもつぶせます。
追い込みすぎてしまうのです。
恋愛で言うと、男はウソがむちゃくちゃヘタです。
追い込んでいったら、つじつまが合わなくなります。
本来は、相手のことが好きだから怒っているのです。
ウソを追い込むことで、結果、別れるというお互いにハッピーでないことになります。
うまくそこで逃がしていくことで、相手に反省させて、関係が継続していきます。
完全に逃げ道をつぶして打ちのめすと、反省しないで放棄するようになります。
部下も恋人も、逃げ道をつくってもらえるから反省できるのです。

完膚《かんぷ》なきまで追い詰めて、「反論があったら言ってみろ」と言うと、部下は反省しなくなって「もう辞めます」という話になります。

本来、相手をクビにするために言っているのではありません。

相手に改善してもらいたい、反省してもらいたい、成長してもらいたいからやっているのです。

ウソを暴いて追い詰めていくのが趣味の女性は、長続きしません。

これはメンタル的にはレベルの低い戦いです。

もう1段超えたところに行ったほうがいいのです。

二またで「彼女A」と「彼女B」がいたら、最後に選ばれるのは知らん顔しているほうです。

追い詰めたほうが関係を切られていくのです。

イライラがすっきりする方法 49

言いわけを、させてあげる。

50

一喜一憂しない。

切りかえられない人は、一喜一憂します。
勝てば大喜びで、負ければへこみまくりです。
チーム戦では、こういう人は一番迷惑です。
勝った負けたで一喜一憂する人は気分屋になります。
メンタル力のある人は、一喜一憂しません。
流れの中で物事を見ているからです。

1つの勝負の勝った負けたよりも、運気はもっと大きな川の流れです。

小さい枝葉の問題ではなく、根っこの大きい問題です。

大きい流れの中で物事を見ることができれば、気分屋にはならないのです。

恋愛でも、気持ちのアップダウンの激しい人とつきあうのは、きついです。

はしゃいでいたかと思うと、ストーンと落ちて、「もうあなたとは終わりです」と言うのです。

何があったんだと思います。

これが最も続きにくいパターンです。


株式でも、実態よりアップダウンが激しい株式は安定しません。

それは結局、運気で物事を見ていないのです。

形の上ではアップダウンは激しくなります。

運気はもっとなだらかです。

株の上がり下がりの実際の売値の線よりも、上がっていく線と下がっていく線はもっと内側を通っています。

それと同じです。

実質の勝ち負けや点数よりも、中を流れている運気の線を見ていくと、一喜一憂しなくなります。

結果として、運気の線が上がっていくのです。

一喜一憂すると、メンタル力の運気の線は下がります。

結果に引っ張られないことが大切なのです。

イライラがすっきりする方法 50
長期戦で、考えよう。

第5章

メンタル力で、運気を高める。

51

運気は、メンタルの中にある。

「運命は、その人の性格の中にある」という芥川龍之介の言葉があります。

運命と性格とは、一見まったく別個のものです。

運気は、メンタルの中にあるのです。

「メンタル」という根っこの中に運気があるのです。

あの人は運が強いとか弱いとかいう議論は、実際のところはメンタル力が強いか弱いかで決まります。

メンタル力があると、本番で実力以上の結果を出すことができます。

「運が悪い」と考え始めると、イライラし始めます。

運のせいにしないうちは、イライラしなくてすみます。

運が悪いから、うまくいかないのではなくて、「運が悪い」と感じてイライラすることで、うまくいかなくなるのです。

「縁がない」も同じです。

「縁がない」と感じると、イライラし始めます。

「縁がある」と思うと、イライラしなくなるのです。

イライラがすっきりする方法 51

縁のせいにしない。

52

くじけたら、戻れない。

会社にいたころ、同期は男女合わせて１４０人ぐらいいました。

そのうちの50人ぐらいで、草津にスキー旅行に行ったことがあります。

そこで吹雪《ふぶき》にあって、ゴンドラがとまって、自力で下山してくださいと言われたのです。

えらいことになりました。

僕は、女性３人と男性４人を引率していました。

上まで来ているので、「とりあえず無事に帰さなければ」と、急に責任感が生まれました。

こうなったら、仕方がありません。

女性3人は僕が面倒を見て、男性4人には「なんとか頑張れ」と声をかけます。

4人一緒には動けません。

これは「バディー」という考え方です。

バディーは、緊急時には2人組です。

この組み合わせで勝負が決まります。

まず、スキーのうまい順を考えます。

初心者ですが、その中でも順位が決まります。


次は、メンタル力の強い順を考えます。

メンタル力のある人間とスキーのできる人間を2人組ずつ組み合わせるのです。

この組み合わせで、なんとしても帰らなければなりません。

僕は「遠まわりしてでも、安全な方法で帰る」と指示しました。

あとでわかったのですが、この時の大雪で死者が出たのです。
僕たちの集団ではありません。
新聞にも出ました。
僕が「ここは危ないな」と思ったところがありました。
曲がり角で、一見、道に見えるところがあって、そこに埋もれたのです。
そんなに急斜面でないところで死者が出るのが、山の怖いところです。

引率していた男性4人の中の1人がスキー旅行の幹事でした。
彼は手首のところが凍傷になりました。
ショートグローブだったので、ちょうど手首のところが冷たくなるのです。
それでも一応帰ってきました。

戻る時は、メンタル力が大切です。

くじけたら、絶対に戻れません。

女性たちを背負って帰るわけにはいかないので、自分でなんとか滑ってもらわなければなりません。

「次、ここからここへ滑って行くよ。コケていいから、このコースへついておいで」と言って、僕が先に滑りました。

コケて落ちてきても、下で受ければいいのです。

そうやって、少しずつ少しずつ帰っていきました。

誰かに先にお手本を示してもらうと、流れができるので、そのコースは行きやすくなります。


遠まわりの道は、ふだんはトラックが走っている公道です。

ここに雪が積もって、ふぶいて寒くなったり、逆に氷が溶けたり張ったりすると、スケートリンクのようになるのです。

急傾斜ではそうなりません。
緩斜面では、スキーを履いていても、突風でピューッと流されます。
遠まわりの道も、必ずしも安全ではありません。
そこから下山するには、メンタル力が必要なのです。

イライラがすっきりする方法 52

2人組で、助け合う。

53

生きて帰ることが、パイロットと登山家のメンタル力。

通常、スポーツは100％の力を発揮してやるように言われます。

登山は100％の力で登ったら、下山する時の力が残っていないのです。

いつ、なん時、どんなことが起こっても、エネルギーを残しておかなければなりません。

100％の力を使わないのが、一流の登山家です。

100％の力を使うことは、オシャレでカッコいい感じがします。

メンタル力は、「カッコいい」という感覚に押しつぶされて消えていきます。

「カッコよくなければならない」と思うと、メンタル的にくじけてしまうのです。

カッコなんかにとらわれないことです。

本当にカッコいいのは、生きて帰ることです。

撤退する勇気のない人は、命が続きません。

何千メートルの山で、あと10メートルで頂上という時に、撤退という決断を下さなければならないのが、登山です。

これができる人が長生きできます。

登山家で一番の名誉は、長生きしていることです。

どんなに多くの山を征服しても、短命で終わってはダメです。

長生きしているのは、何度も帰ってきたということです。

アメリカ軍のパイロットも、最も名誉なのは生きて帰ることだと言われます。

たくさんの敵を撃墜することを名誉とするのは、ひとりよがりな考え方です。

まず、戦闘機代が高いのです。

1機の戦闘機代は、クルマどころの騒ぎではありません。

生きて帰れなければ、これをオシャカにしてしまいます。

もう1つは、トレーニング代が高いのです。

自分1人を育てるために、時間もお金もたくさんかかっています。

自分1人でパイロットになったわけではありません。

教官にトレーニングしてもらって、初めてパイロットになれるのです。

自分が撃墜王になりたいからといって、これらをパアにしてしまうことは、全体の利益から考えると、ひとりよがりなことになります。

そういう人は、メンタル力が弱いのです。


敵を撃ち落とすことよりも、自分が帰ることのほうが大切です。

これがパイロットと登山家に共通するメンタル力なのです。

53 イライラがすっきりする方法

格好にとらわれない。

54

自分のやりたい職業の中で、1人生き残る。

登山家やパイロットは、生きて帰ることがメンタル力です。

それを人生観に置きかえて考えると、自分のやりたい職業の中で1人生き残るということです。

石垣島でスイカをつくっているところは、1軒になったそうです。

何百軒もあったのに、30年間でみんなやめていきました。

最後に1軒だけ残ったのです。
人に勝つ必要はありません。
誰かに勝とうとすると、消耗戦に入ります。
人との競争をしなければ、消耗しなくなるのです。

イライラがすっきりする方法 54

競争しない。

55

なりたい方向に向かっていくと、メンタル力が強くなる。

誰かが中を見たらびっくりするような手帳を持つことです。

信じ込むことが大切です。

リアルに細かく書くほうがいいのです。

「手帳に書いたことが実現するから、未来日記を書いてみろ」と言われても、なかなか書けません。

書けるということは、実現が近いのです。

小林幸子さんは「『スター千一夜』に出たいな」と思っていて、それを書いたのです。

スケジュール表なので、時間や日付もリアルに書き込みます。

逆もあります。

忙しい時に、「休暇でモルディブ」と書いておくのです。

それはもうできているということです。

忙しくなって、見たいTVを見られなくなったり旅行もできなくなるのは、自分にとってベストな方向ではありません。

なりたい人になれる方向へ向かっている時に、メンタル力は強くなります。

アップダウンがなくなって、消耗しなくなるのです。

「今日も仕事がない、明日もない」と売れないことを嘆いていたら、メンタル力はつかないのです。

55 イライラがすっきりする方法
手帳に「祝合格」と書いておく。

56

正しいにこだわるとイライラする。好きにこだわるとイライラしない。

高校生の時、大仙公園の中にある図書館の自習室で、かわいい後輩の女のコに勉強を教えるのが好きでした。

本当は受験勉強をしなければいけない時期です。

かわいい後輩に教える科目は、僕の受験科目ではありませんでした。

それをしていなければ、僕は東大へ行って大蔵省に入り、今の財務省の官僚になっていたかもしれません。

でも、その時は「好き」の一心でやっていたのです。

好きなことは、ずっと幼いころから決まっています。

幼いころは、損得や、正しい・間違っているという基準はありません。

むしろ間違っているぐらいのことが、自分の中の正解です。

自由とは、「正解がつまらない」ということです。

正解は、誰ともわからぬ大勢がつくった答えです。

大勢におもねるより、「好き」を大切にすることです。

大勢にペコペコせず、「世の中全体がそっちへ行っているなら、自分はこっちへ行く」という人が、「好きなこと」を仕事にしている人です。

ある意味、あまのじゃく、偏屈です。

みんなと違うことができるのが、楽しいのです。

イライラがすっきりする方法 56

「正しいか、どうか」にこだわらない。

57

たった1人が変わると、世界が変わる。

「みんなに理解してもらえない」とイライラすることがあります。

大学を出たてのころは、自分はまだ若いと思っています。

アメリカに行くと、20歳で、自分よりも年上の大人を対象にアメリカ中を講演してまわっている人がいます。

恋愛論を出版してベストセラーにしている小学生もいます。

小学生が「運命の恋人を落とすには」のような本を書いているのです。

その世界には、「自分はまだ子ども」という考え方はないのです。

今から即世界へ行って戦えます。

日本の中で戦えるサッカーではなく、世界で戦えるサッカーのようになってほしいのです。


日本はまったく相手にしないで、1000年先と戦うぐらいの気持ちでいることです。


世の中は、自分1人が変わってもなんともならないことなどないのです。

世界は、たった1人が変わることで変わります。

たった1人の力で世界を変えていくことができるのです。

水に広げた波紋のように変えていくことができるのです。

イライラがすっきりする方法 57
「最初の1人目」になろう。

おわりに

時代の転換期は、最高に楽しい。

変化した時に、イライラします。

「今、世の中は大変だ」と嘆いている人は、「エッ、こんなことで大変と言っていたら、次に起こることをどうするの」と笑われます。

今まで考えもしなかったことが起こるのをワクワクしながら、「さあ自分の出番だ」と待ち構えていることです。

今こそみんなの出番です。

これはラッキーなことなのです。

ただし、出番があるといっても、必ずチャンスがつかめるとは限らないのです。

ＤＮＡに目覚めていなければチャンスはつかめません。


「どうしたらいいんですか」

「私は何に向いているんですか」

「正解は何ですか」

そんなことを言っているような人には、チャンスは１００万年待っても訪れません。


誰かのやっていること、人の言ったことを手伝って、

「本当はこんなことをやりたくなかったんだ」

「政治が悪い。国が悪い」

「運が悪い」

とブツブツ文句を言いながら一生をこぢんまりとしたまま終わります。
せっかく転換期に生まれたのです。
トライしないと、もったいないのです。

イライラがすっきりする方法 58

イライラしたことに、トライしよう。

中谷彰宏の主な作品一覧

ビジネス

【ダイヤモンド社】

『なぜあの人の話に納得してしまうのか [新版]』
『なぜあの人は勉強が続くのか』
『なぜあの人は仕事ができるのか』
『なぜあの人は整理がうまいのか』
『なぜあの人はいつもやる気があるのか』
『なぜあのリーダーに人はついていくのか』
『なぜあの人は人前で話すのがうまいのか』
『プラス 1% の企画力』
『こんな上司に叱られたい。』
『フォローの達人』
『女性に尊敬されるリーダーが、成功する。』
『就活時代しなければならない 50 のこと』
『お客様を育てるサービス』
『あの人の下なら、「やる気」が出る。』
『なくてはならない人になる』
『人のために何ができるか』
『キャパのある人が、成功する。』
『時間をプレゼントする人が、成功する。』
『会議をなくせば、速くなる。』
『ターニングポイントに立つ君に』
『空気を読める人が、成功する。』
『整理力を高める 50 の方法』
『迷いを断ち切る 50 の方法』
『初対面で好かれる 60 の話し方』
『運が開ける接客術』
『バランス力のある人が、成功する。』
『映画力のある人が、成功する。』
『逆転力を高める 50 の方法』
『40 代でしなければならない 50 のこと』
『最初の 3 年その他大勢から抜け出す 50 の方法』
『ドタン場に強くなる 50 の方法』
『いい質問は、人を動かす。』
『アイデアが止まらなくなる 50 の方法』
『メンタル力で逆転する 50 の方法』
『君はこのままでは終わらない』
『30 歳までに成功する 50 の方法』
『なぜあの人はお金持ちになるのか』
『成功する人の話し方』
『超高速右脳読書法』
『なぜあの人は壁を突破できるのか』
『自分力を高めるヒント』
『なぜあの人はストレスに強いのか』
『なぜあの人は落ち込まないのか』
『なぜあの人は仕事が速いのか』
『スピード問題解決』
『スピード危機管理』
『スピード決断術』
『スピード情報術』
『スピード顧客満足』
『一流の勉強術』
『スピード意識改革』
『アメリカ人にはできない技術　日本人だからできる技術』
『お客様のファンになろう』
『成功するためにしなければならない 80 のこと』
『大人のスピード時間術』
『成功の方程式』
『なぜあの人は問題解決がうまいのか』
『しびれる仕事をしよう』
『「アホ」になれる人が成功する』
『しびれるサービス』
『ネットで勝つ』
『大人のスピード説得術』
『お客様に学ぶサービス勉強法』
『e に賭ける』
『大人のスピード仕事術』
『スピード人脈術』
『スピードサービス』
『スピード成功の方程式』
『スピードリーダーシップ』
『大人のスピード勉強法』
『一日に 24 時間もあるじゃないか』
『もう「できません」とは言わない』
『出会いにひとつのムダもない』
『お客様がお客様を連れて来る』
『お客様にしなければならない 50 のこと』
『30 代でしなければならない 50 のこと』
『20 代でしなければならない 50 のこと』
『なぜあの人の話に納得してしまうのか』
『なぜあの人は気がきくのか』
『なぜあの人は困った人とつきあえるのか』
『なぜあの人はお客さんに好かれるのか』
『なぜあの人はいつも元気なのか』
『なぜあの人は時間を創り出せるのか』
『なぜあの人は運が強いのか』
『なぜあの人にまた会いたくなるのか』
『なぜあの人はプレッシャーに強いのか』

【ファーストプレス】

『「超一流」の会話術』

中谷彰宏の主な作品一覧

『明日がワクワクする50の方法』
『なぜあの人は10歳若く見えるのか』
『テンションを上げる45の方法』
『成功体質になる50の方法』
『運のいい人に好かれる50の方法』
『本番力を高める57の方法』
『運が開ける勉強法』
『ラスト3分に強くなる50の方法』
『できる人ほど、よく眠る。』
『答えは、自分の中にある。』
『思い出した夢は、実現する。』
『習い事で生まれ変わる42の方法』
『30代で差がつく50の勉強法』
『面白くなければカッコよくない』
『たった一言で生まれ変わる』
『なぜあの人は集中力があるのか』
『健康になる家　病気になる家』
『泥棒がねらう家　泥棒が避ける家』
『スピード自己実現』
『スピード開運術』
『破壊から始めよう』
『失敗を楽しもう』
『20代自分らしく生きる45の方法』
『受験の達人2000』
『お金は使えば使うほど増える』
『本当の自分に出会える101の言葉』
『大人になる前にしなければならない50のこと』
『会社で教えてくれない50のこと』
『学校で教えてくれない50のこと』
『大学時代しなければならない50のこと』
『昨日までの自分に別れを告げる』
『人生は成功するようにできている』
『あなたに起こることはすべて正しい』

【PHP研究所】
『高校受験すぐにできる40のこと』
『お金持ちは、払う時に「ありがとう」と言う。』
『20代にやっておいてよかったこと』
『ほんのささいなことに、恋の幸せがある。』
『高校時代にしておく50のこと』
『中学時代にしておく50のこと』
『お金持ちは、お札の向きがそろっている。』
『明日いいことが起こる夜の習慣』
【PHP文庫】
『お金持ちは、お札の向きがそろっている。』
『たった3分で愛される人になる』
『自分で考える人が成功する』
『大人の友達を作ろう。』
『大学時代しなければならない50のこと』
『なぜ彼女にオーラを感じるのか』

【三笠書房・知的生きかた文庫/王様文庫】
『たった60分でその後の人生が変わる本』
『読むだけで気持ちが楽になる88のヒント』

【説話社】
『あなたにはツキがある』
『占いで運命を変えることができる』

【大和書房】
『結果がついてくる人の法則58』

【だいわ文庫】
『やさしいだけの男と、別れよう。』
『「女を楽しませる」ことが男の最高の仕事。』
『いい女練習帳』
『男は女で修行する。』

【学研パブリッシング】
『強引に、優しく。』
『品があって、セクシー。』
『キスは、女からするもの。』

【KKベストセラーズ】
『会話の達人』
『誰も教えてくれなかった大人のルール恋愛編』
『一流の遊び人が成功する』

【阪急コミュニケーションズ】
『いい男をつかまえる恋愛会話力』
『サクセス＆ハッピーになる50の方法』

【あさ出版】
『「つらいな」と思ったとき読む本』
『なぜあの人は会話がつづくのか』

『だからあの人に運が味方する。』（世界文化社）
『だからあの人に運が味方する。（講義DVD付き）』（世界文化社）
『なぜあの人は強いのか』（講談社＋α文庫）

『「超一流」の分析力』
『「超一流」の構想術』
『「超一流」の整理術』
『「超一流」の時間術』
『「超一流」の行動術』
『「超一流」の勉強法』
『「超一流」の仕事術』

【PHP 研究所】
『30 代にやっておいてよかったこと』
『もう一度会いたくなる人の話し方』
『【図解】仕事ができる人の時間の使い方』
『仕事の極め方』
『【図解】「できる人」のスピード整理術』
『【図解】「できる人」の時間活用ノート』

【PHP 文庫】
『中谷彰宏　仕事を熱くする言葉』
『スピード整理術』
『入社 3 年目までに勝負がつく 77 の法則』

【三笠書房】
『自分の壁を破る 66 の言葉』
『[最強版] あなたのお客さんになりたい !』

【三笠書房・知的生きかた文庫 / 王様文庫】
『お金で苦労する人しない人』

【オータパブリケイションズ】
『せつないサービスを、胸きゅんサービスに変える』
『ホテルのとんがりマーケティング』
『レストラン王になろう 2』
『改革王になろう』
『サービス王になろう 2』
『サービス刑事』

【ビジネス社】
『あなたを成功に導く「表情力」』
『幸せな大金持ち　不幸せな小金持ち』
『右脳でオンリーワンになる 50 の方法』
『技術の鉄人　現場の達人』
『情報王』
『昨日と違う自分になる「学習力」』

『「反射力」早く失敗してうまくいく人の習慣』（日本経済新聞出版社）
『大きな差がつく小さなお金』（日本文芸社）
『35 歳までにやめる 60 のこと』（成美堂出版）
『人生を変える 自分ブランド塾』（成美堂出版）
『伝説のホストに学ぶ 82 の成功法則』（総合法令出版）
『富裕層ビジネス　成功の秘訣』（ぜんにち出版）
『リーダーの条件』（ぜんにち出版）
『成功する人の一見、運に見える小さな工夫』（ゴマブックス）
『転職先はわたしの会社』（サンクチュアリ出版）
マンガ版『ここまでは誰でもやる』（たちばな出版）
『人を動かすコトバ』（実業之日本社）
『あと「ひとこと」の英会話』（DHC）
『オンリーワンになる仕事術』（KK ベストセラーズ）
『子どもの一生を決める 46 の言葉のプレゼント』（リヨン社）

恋愛論・人生論

【中谷彰宏事務所】
『リーダーの星』
『楽しい人生より、人生の楽しみ方を見つけよう。』
『運命の人は、一人の時に現れる。』
『ヒラメキを、即、行動に移そう。』
『徹底的に愛するから、一生続く。』
『断られた人が、夢を実現する。』
『「あげまん」になる 36 の方法』

【ダイヤモンド社】
『なぜあの人は逆境に強いのか』
『25 歳までにしなければならない 59 のこと』
『大人のマナー』
『あなたが「あなた」を超えるとき』
『中谷彰宏金言集』
『「キレない力」を作る 50 の方法』
『お金は、後からついてくる。』
『中谷彰宏名言集』
『30 代で出会わなければならない 50 人』
『20 代で出会わなければならない 50 人』
『あせらず、止まらず、退かず。』
『「人間力」で、運が開ける。』

中谷彰宏の主な作品一覧

『占いを活かせる人、ムダにする人』（講談社）
『贅沢なキスをしよう。』（文芸社文庫）
『3分で幸せになる「小さな魔法」』（マキノ出版）
『大人になってからもう一度受けたい コミュニケーションの授業』（アクセス・パブリッシング）
『運とチャンスは「アウェイ」にある』（ファーストプレス）
『「出る杭」な君の活かしかた』（明日香出版社）
『目力の鍛え方』（ソーテック社）
『お掃除デトックス』（ビジネス社）
『大人の教科書』（きこ書房）
『モテるオヤジの作法2』（ぜんにち出版）
『かわいげのある女』（ぜんにち出版）
『恋愛天使』（メディエイション・飛鳥新社）
『魔法使いが教えてくれる結婚する人に贈る言葉』（グラフ社）
『魔法使いが教えてくれる愛されるメール』（グラフ社）
『壁に当たるのは気モチイイ　人生もエッチも』（サンクチュアリ出版）
『ハートフルセックス』【新書】（KKロングセラーズ）
『キスに始まり、キスに終わる。』（KKロングセラーズ）
『遊び上手が成功する』（廣済堂文庫）
『元気な心と体で成功を呼びこむ』（廣済堂文庫）
『成功する人しない人』（廣済堂文庫）
書画集『会う人みんな神さま』（DHC）
ポストカード『会う人みんな神さま』（DHC）
『「お金と才能」がない人ほど、成功する52の方法』（リヨン社）
『「お金持ち」の時間術』（リヨン社）
『ツキを呼ぶ53の方法』（リヨン社）

面接の達人

【ダイヤモンド社】
『面接の達人　バイブル版』
『面接の達人　面接・エントリーシート問題集編』

感想など、あなたからのお手紙をお待ちしています。

僕は、本気で読みます。（中谷彰宏）

〒 171-0022
東京都豊島区南池袋 2-9-9 第一池袋ホワイトビル 6 階
株式会社あさ出版
編集部気付　中谷彰宏 行

※食品、現金、切手などの同封はご遠慮ください。（編集部）

視覚障害その他の理由により、活字のままでこの本を利用できない人のために、営利を目的とする場合を除き「録音図書」「点字図書」「拡大写本」などを製作することを認めます。その際は著作権者、または出版社までご連絡ください。

中谷彰宏は、盲導犬育成事業に賛同し、この本の印税の一部を（財）日本盲導犬協会に寄付しています。

QR コードの読み取りに対応したカメラ付き携帯電話で右・上のマークを読み取ると、中谷彰宏の公式ホームページ「an-web」にアクセスできます。右・下のマークを読み取ると、中谷彰宏の著作が読める「モバイル中谷塾」にアクセスできます。対応機種・操作方法は取り扱い説明書をご覧ください。

著者紹介

中谷彰宏（なかたに・あきひろ）

1959年、大阪府生まれ。早稲田大学第一文学部演劇学科卒業。博報堂に入社し、CMプランナーとして、CMの企画・演出をする。91年に独立し、株式会社中谷彰宏事務所を設立。「中谷塾」を主宰し、全国で講演・ワークショップ活動を行っている。

「イライラしてるな」と思《おも》ったとき読《よ》む本《ほん》　〈検印省略〉

2011年 11 月 21 日　第 1 刷発行
2012年 5 月 2 日　第 7 刷発行

著　者—— 中谷　彰宏（なかたに・あきひろ）
発行者—— 佐藤　和夫

発行所—— 株式会社あさ出版
〒171-0022 東京都豊島区南池袋 2-9-9 第一池袋ホワイトビル 6F
電　話　03（3983）3225（代表）
　　　　03（3983）3227（編集）
F A X　03（3983）3226
U R L　http://www.asa21.com/
E-mail　info@asa21.com
振　替　00160-1-720619

印刷・製本　神谷印刷（株）

facebook　http://www.facebook.com/asapublishing
twitter　http://twitter.com/asapublishing

ISBN978-4-86063-489-6 C2034